COURONNE POÉTIQUE

AU SUJET

DES INONDATIONS

DE 1840;

Contenant des vers

DE M. DE LAMARTINE, DE Mmes DESBORDES-VALMORE, CLARA MOLLARD ET AUTRES.

Prix : 50 c.

PARIS.
MAISON, LIBRAIRE, Q. DES AUGUSTINS, 29.

LYON.
CHAMBET AÎNÉ, QUAI DES CÉLESTINS, 50.

1841.

EN VENTE
AUX MÊMES LIBRAIRIES

Histoire de l'inondation de Lyon, de ses environs et du midi de la France en 1840, 1 joli vol. in-18. Prix, avec le plan de Lyon inondé, 2 fr. Sans le plan, 1 fr.

Le Clergé Français pendant les inondations de 1840. Traits de dévouement, de courage et de charité chrétienne ; un joli vol. in-18. 1 fr.

L'inondation de 1840, jolie lithographie de Victor Adem ; prix : 75 c.

L'Avenir, prophéties pour 1841 et 1842, un joli vol. in-18 avec vignettes. Prix : 1 fr. 50 c.

Dupiniana et Sauzetiana, Recueil de bons mots, facéties, calembourgs, etc., des pairs, députés ; in-32. Prix ; 75 c.

Les Échos de la Navarre, par le baron Ducasse ; joli in-12. Prix : 2 fr.

Lyon. — Imprimerie de F. GUYOT, rue Mercière, 39.

Poésies.

Voici les stances que M. de Lamartine a composées et que M. Aubert a mises en musique pour le concert donné au théâtre de la *Renaissance*, au bénéfice des inondés.

Sur les bords écumants des fleuves,
Qui roulent des flots et des cris,
Les vieillards, les enfants, les veuves,
Pleurent leur asile en débris ;
La cime d'arbre est le refuge
Que l'homme dispute aux oiseaux,
Et la voix morne du déluge
S'éteint par degrés sous les eaux.

L'ange des détresses humaines
Recueille ces vagissements,
Ces sanglots, ces chutes soudaines
Des villes sur leurs fondements.
Aux sourds craquements des collines
Mêlant ses lamentations,
Il souffle aux oreilles divines
Le chant de deuil des nations.

Mais bientôt la terre s'essuie ;
D'autres bruits changent son accent.
C'est l'arbre courbé sous la pluie
Qui frémit au jour renaissant.
C'est le marteau, c'est la truelle
Qui rebâtit le nid humain ;
C'est l'or abondant qui révèle
L'aumône, en sonnant dans la main !

L'ange de la céleste joie
Passe emportant au créateur
Ces bruits que le bienfait renvoie
A l'oreille du bienfaiteur ;
Il en forme un concert de grâces
Qui dit au Seigneur irrité :
« Ton déluge n'a plus de traces
« Sur un globe de charité !... »

L'INONDATION
DE LYON EN 1840.

C'est toujours la pitié qui rassemble les femmes ;
C'est toujours le malheur qui réveille leurs ames :
Quand les petits enfants bénis dansent entre eux,
Elles tendent l'oreille aux récits douloureux;
Et la main sur leur cœur plein de saintes alarmes,
Inventent des secours aux plus lointaines larmes.
Elles n'ont jamais dit : « Qu'importe ! c'est là-bas. »
Voilà pourquoi la mort ne les éteindra pas ;
Voilà pourquoi Dieu veut que des anges fidèles,
Pour les lui ramener les prennent sous leurs ailes.
Femmes ! je vous salue au nom des malheureux :
Le ciel fécondera vos prières pour eux !

Les témoins consternés d'un tableau vaste et sombre,
Ont osé sous vos yeux en faire passer l'ombre :
C'est un coin du déluge, un fléau dans son cours.
C'est un peuple qui crie : au secours ! au secours !
Un reste de soleil enchantait la nature,
Et de Lyon la triste égayait la toiture :

Les vieillards prédisaient pourtant de sombres jours.
Car les neiges fondaient et l'eau montait toujours !
Et toujours, quand la vierge au pâle et doux visage,
Eclaire sa chapelle au-dessus du nuage,
Les vieillards ont entre eux de graves entretiens,
Livres encor vivants de la foi des chrétiens :
Ils savent qu'à Fourvière, au milieu des ténèbres,
Leur madone a pleuré dans des clartés funèbres ;
L'ouvrier dans sa veille en est resté pensif,
La Saône a palpité d'un sanglot convulsif !
Une apparition qui traversait leur rêve,
Se balançait les soirs alentour de la grève ;
Dans sa main blanche et froide une coupe tremblait,
Qui répandait son eau dans l'eau qu'elle troublait !
Et voilà qu'au milieu d'une nuit immobile,
Deux fleuves mugissant traversèrent la ville,
Le Rhône s'étendit où l'homme avait marché,
Et l'homme s'éveilla sur le fléau couché ;
Le fléau qui battait le pied de sa demeure,
Lui montra son linceul quand il demanda l'heure.
Plus loin on entendit sous un pont qui croula :
Arrière ! peuple, arrière ! on ne marche plus là !
L'or n'arrêtera pas le châtiment qui passe ;
De ces ailes d'écume il a couvert l'espace ;
Le regard incertain cherche à se dessiller,
Car on croit voir dans l'air les maisons vaciller :
Mais des toits chancelants les craquements horribles,
Des fondements minés les bruits sourds et terribles,

Et le peuple qui fuit, hurlant : « Pitié sur nous !
Et le vieillard tombé qui se sauve à genoux,
Disent que le torrent qui roule et se soulève,
A coupé les supports comme au tranchant d'un glaive !

Là-bas, deux pigeons blancs, aux brouillards suspendus,
Plus constants, plus heureux que leurs frères perdus,
De leur humble palais accompagnent la fuite,
Poétique débris d'une maison détruite !

Le courage impuissant est refoulé partout ;
Chaque rue est l'abîme et l'eau recouvre tout !
La cité des Martyrs dans l'onde agenouillée,
Écartant les bandeaux de sa tête mouillée ;
Comme une pauvre veuve en ses bras amaigris,
Renferme avec terreur ses enfants sans abris,
Des fleuves subissant l'étreinte épouvantable,
Vers ses lointaines sœurs jette un cri lamentable :
On se cherche, on s'appelle, on ne se connaît plus,
Et la mort dit : silence ! à leurs cris superflus.
Dans ce grand désespoir, dans ces muettes larmes,
Un doux événement, un objet plein de charmes
Un enfant endormi, lié dans son berceau,
Flotte, mieux abrité qu'en un vaste vaisseau.
Comme un jeune Moïse il aborde au rivage ;
Les roses du sommeil n'ont pas fui son visage !
Jamais ceux qui l'ont vu n'oublieront cet enfant :
Car un ange bien sûr ! un ange le défend.

Voyez ! ni les malheurs du jour ni de la veille,
Ni les bruits ni les vents n'ont ouvert son oreille ;
Ni les noirs tourbillons qui grondent sur son sort,
Rien ne le fait trembler, rien ne l'étonne : il dort !
Léger comme l'oiseau qui rase les tempêtes !
On dirait que les flots l'apportent sur leurs têtes !

D'intrépides nageurs l'enlèvent dans leur sein,
Sans l'éveiller encore à leur pieux dessein :
Ils entraînent la foule au côteau de Fourvière ;
Y déposent l'enfant en forme de prière.
Les femmes de partout accourent pour le voir ;
Dans son arche paisible il rayonne d'espoir !
D'où vient-il ? où va-t-il, ignorant de lui-même ?
Enfant sans mère il vient à la vierge qui l'aime ;
Et pour tous les enfants qui n'ont plus de berceaux,
Lui semble offrir sa crèche aux flexibles arceaux.
Pitié ! son air charmant que rien ne peut décrire,
Dans le peuple à genoux fait errer un sourire ;
Et la vierge, on l'assure, a murmuré tout bas :
« La prière a monté ; Lyon ne mourra pas ! »

    Mme VALMORE-DESBORDES.

     (*Extrait du Censeur.*)

A Mgr. l'Archevêque de Lyon.

> Les eaux crûrent et grossirent prodigieusement au dessus de la terre.
> GENÈSE.

> Quand on est prêt à tout, c'est dans le fond de l'abîme que l'on commence à prendre pied.
> FÉNÉLON.

Homme envoyé du Ciel pour consoler la terre,
Homme en qui le pécheur espère à tout moment,
Priez ; Dieu vous entend du haut de son mystère
Où vous devez aller vivre éternellement ;
Hélas ! nous périssons dans les ondes pressées,
Nos toits sont emportés par la pluie et les vens ;
Priez tout à la fois, en vos saintes pensées,
    Pour les morts et pour les vivans.

Vous seul pouvez calmer la colère céleste ;
Homme à qui Dieu fait voir sa divine clarté ;
Priez, priez pour nous en ce temps si funeste
Les eaux vont engloutir notre belle cité !
Écoutez du mourant la cruelle agonie,
Le flot impétueux l'entraîne, où ? dans son sein...
C'est là tout ce qu'on sait de la force infinie ;
    Mais Dieu ne fait rien sans dessein.

Vous, donnez au Seigneur vos suprêmes offrandes ;
Priez, priez pour nous, parez l'hôtel de fleurs,
Chantez l'hymne du Christ et nos tristes légendes,
A vos pieux accens nous mêlerons nos pleurs.
Quel affreux souvenir gardera la mémoire !
Ah ! je ne savais pas qu'il fallait tant souffrir !
J'ai cru qu'il suffisait pour voir Dieu dans sa gloire
  Hélas ! de naître et de mourir.

Mais nous devons marcher sur cette terre immense,
Les pieds nus et saignans, puis lorsqu'on est lassé
Le trépas vient ; alors l'éternité commence
Et la vie éternelle efface le passé.
Ne laissons pas tomber nos larmes goutte à goutte
Quand la mort ici-bas vient nous fermer les yeux,
Malgré l'obscurité dont Dieu couvre sa route
  Elle arrive toujours aux cieux.

Cette idée en nos cœurs fait naître une espérance ;
Vous qui savez du Ciel les immortels secrets,
Vous qui donnez votre or pour calmer la souffrance,
Faites-nous du Seigneur adorer les décrets.
Comme un nouveau Noé guidez l'arche où nous sommes,
Je m'incline à vos pieds, ô notre bon pasteur,
Car l'homme qui répand ses bienfaits sur les hommes
  Est l'image du Créateur.

      CLARA MOLLARD.

L'INONDATION.

I.

LE RHÔNE.

Le fleuve que j'aime entre tous,
Ce n'est point la Loire, si belle
Que son surnom riant et doux,
La Touraine l'a reçu d'elle.

Ce n'est pas le fleuve royal :
Être roi, c'est être à la chaîne ;
Hélas ! et dans son haut canal,
N'est-ce pas ainsi qu'est la Seine ?

Ce n'est pas toi, fleuve qui dors
Au pied de tant de blanches villes,
Je veux de plus variés bords,
O Saône, et des flots moins tranquilles.

Le fleuve que j'aime avant tous,
Oh ! c'est toi, mon Rhône rapide,
Toi, roulant toujours en courroux,
Sous un beau ciel, toujours splendide.

Toi, le grand fleuve du Midi,
De cette terre radieuse,
Où pour un cœur même affadi,
La vie encor devient heureuse.

Partout, sur tes fertiles bords,
C'est l'opulence avec la joie,
Là, tous les biens, tous les trésors;
Là, le vin, l'olive et la soie.

Le fleuve que j'aime entre tous,
Vous Loire, et vous Seine, et vous Saône,
Non, non, oh! non, ce n'est pas vous,
Mais c'est toi, c'est toi, mon beau Rhône.

II.

LES GRANDES EAUX.

Mais le ciel a-t-il, irrité,
Versé, comme aujourd'hui des flots d'eau sur la terre,
Quelle n'est pas alors, fleuve, ta majesté,
Et ton orgueil, et ta colère.

Recevant dans ton vaste sein,
Vingt torrents, fils des monts et d'immenses rivières,
Tu montes, et ton flot terrible et souverain
Menace d'engloutir les terres.

III.

L'INONDATION.

Eh bien! ce jour fatal, peut-être, il est venu :
Le fleuve est maître, et Dieu ne l'a point retenu !

Le fleuve a franchi ses barrières ;
Le fleuve est partout vainqueur ;
Il marche ; et ses rives entières
S'abîment devant sa fureur :
S'étendant au loin dans la plaine,
Il la bat, l'enlève, l'entraîne
Dans son terrible et nouveau cours ;
Et chargeant d'une immense proie
Son flot qui bouillonne et tournoie,
Il marche encor, marche toujours.
Il marche, un long cri d'épouvante
S'échappe du sein des cités :
C'est que l'onde plus menaçante
Rugit, dévore à leurs côtés ;
C'est qu'au choc des vagues rapides,
Elles ont vu leurs ponts solides
Chanceler, s'abattre et périr ;
C'est que, plus terrible conquête,
Sur les hauts quais dressant sa tête,
Le flot dans leurs murs va courir.

O terreur ! ô jour lamentable !

O jour affreux entre les jours !
Le voilà ! le flot redoutable
Dans les cités a pris son cours,
Il atteint l'homme en sa demeure,
Le chasse plus loin d'heure en heure,
D'heure en heure est sur lui plus fort.
Plus de terre ! partout les ondes !
Partout des rivières profondes !
Partout deuil, et péril et mort !

Entendez-vous ces cris d'alarmes ?
Voyez-vous ces infortunés,
L'œil plein d'effroi, l'œil plein de larmes,
Qu'une mer tient emprisonnés ?
Sous l'effort des flots qui les battent,
Voyez-vous ces toits qui s'abattent
Avec d'épouvantables bruits ?
Spectacle dont le cœur se navre ;
Déjà, grand Dieu ! plus d'un cadavre
Va flottant parmi ces débris.
La nuit tombe, l'horreur augmente :
L'homme écoute, silencieux,
La grande voix de la tourmente,
La voix des flots, des vents, des cieux ;
Puis dans ces bruits, par intervalles,
On dirait des voix sépulcrales,
Comme d'un monde qui se plaint ;
Et dans le trouble et les ténèbres,

Assaillir de pensers funèbres,
On croit au monde qui s'éteint.

IV.

LE DÉVOUEMENT.

Il est de ces cœurs mâles,
Que grandit le danger
Dont les autres sont pâles,
Et qu'aux heures fatales
On voit tout protéger.

Gloire à vous, nobles âmes,
Qui, bravant mille morts,
Sur la mer et ses lames
Avec de faibles rames,
Courez sans cesse alors.

Sans cesse, hommes sublimes,
Aux flots dévastateurs
Vos efforts magnanimes
Reprennent des victimes;
Gloire à vous, Dieu sauveur !

Comme il est des louanges
Et des rangs inégaux
Aux guerrières phalanges,
Et comme entre ses anges
Le ciel a ses plus beaux :

16

Ainsi parmi ces hommes
De tout nom, de tout rang,
Qu'à cette heure où nous sommes,
O gloire, tu renommes,
Un avant tous, est grand.

Ton pauvre nom de frère,
Aux plus beaux d'ici-bas ;
Le ciel qui te voit faire
Aujourd'hui le préfère,
Héroïque Céphas.

Lui seul il sait la foule,
Que prompts à tout braver,
Malgré le flot qui roule,
Malgré le toit qui croule,
Tes bras courent sauver.

Sans doute, ame divine ;
Sans doute il est un bien
Que le ciel te destine ;
Mais quoi ! pour ta poitrine,
Ici-bas n'est-il rien (1) ?

(1) Je ne fais qu'exprimer ici un vœu du *Courrier de Lyon*, numéro du 5 décembre. (Voir cette même feuille pour plus de détails sur le dévouement de ce frère de la doctrine chrétienne.)

VI.

LE COLLÉGE DE TOURNON.

Que votre cœur, ô mères se rassure !
En vain le fleuve autour de nous murmure :
Le fleuve ici ne peut être vainqueur.
Tu le sais bien, Rhône qui nous assailles ;
Mugis donc moins au pied de nos murailles,..
    Allez, mères, n'ayez pas peur.

Notre maison du fleuve qui la presse
N'est point l'esclave; elle en est la maîtresse.
La haute cour ne craint point son jouteur :
Puisqu'aujourd'hui le Rhône ainsi veut faire,
Eh bien ! le Rhône y perdra sa colère:
    Allez, mères, n'ayez pas peur.

Vos beaux enfants, sans qu'un seul d'eux s'émeuve,
Sont là jouant, travaillant près du fleuve :
Plus d'un tout jeune a bien quelque malheur,
Son grand papier, le frêle et beau navire,
D'en haut jeté, le voilà qui chavire !
    Allez, mères, n'ayez pas peur.

A leurs côtés, partout calme et prudence ;
Point de front pâle, effrayant leur enfance :

Leur chef est là (1), qui les porte en son cœur :
Et toi, Leprout (2), le jour, la nuit, sans cesse
N'auront-ils pas ta force et ta sagesse?
    Allez, mères, n'ayez pas peur.

Dans le beau parc, en un beau jour de fête,
Lorsque plus tard vous presserez leur tête
Sur votre sein, gros encor de frayeur,
Vous les verrez, eux, avec un sourire,
Fiers de nos murs, les montrer, et vous dire :
    Comment, nos mères, avoir peur !

VI.

LA FIN DU MONDE.

Hélas ! qui sait ? toute existence
N'a-t-elle pas son jour de mort,
Comme elle eut son jour de naissance ?
N'est-ce pas là le commun sort ?
Non moins que l'inerte matière,
Si l'homme à la pensée altière,
Du trépas est pourtant vaincu,
Comme l'homme, ce monde même
Trouvera son heure suprême ;
Ce monde un jour aura vécu.

(1) L'abbé Brunon, proviseur du collège.
(2) Censeur des études.

Peut-être aussi dans sa vengeance,
Las des hommes, las d'un séjour
Qui n'a plus de sainte croyance
Pour rien, plus de foi ni d'amour,
C'est le ciel qui devançant l'heure,
Veut qu'aujourd'hui la terre meure
Au sein d'effroyables tourments ;
C'est lui qui se retire d'elle,
Et pour sa ruine éternelle
Déchaîne ainsi les éléments.

Moins terrible aux pages bibliques,
Est peint le terrible fléau,
Par qui le monde aux jours antiques,
Une fois s'abîme sous l'eau :
Plus que dans cette heure funeste,
C'est la cataracte céleste
Qui s'ouvre, et tombe en mugissant ;
C'est la foudre qui toujours gronde,
Et colorant les cieux et l'onde
Montre au ciel une mer de sang.

Bruyants à l'égal du tonnerre,
Des quatre points du firmament
Les vents s'abattent sur la terre,
Avec un long acharnement.
Leurs flancs laissent tomber la grêle ;
La neige à gros flocons s'y mêle ;

L'eau va toujours, toujours montant.
Le ciel s'affaisse ; le sol tremble ;
Tous les deux gémissent ensemble ;
Et l'homme, dans l'angoisse, attend.

VII.
ADIEU.

Adieu donc, puisqu'enfin l'heure fatale sonne,
   Adieu, toute chose ici-bas,
L'homme, les champs, les cieux : tout ce qui m'environne,
   Hélas, et ne me survit pas !

Et vous, qui dans mon sein ayant su toujours lire,
   Me portiez au fond de vos cœurs,
Adieu ! vos noms mourront inconnus à ma lyre,
   O mes amis, mes bienfaiteurs !

Et toi douce à ma vie, et belle entre les femmes,
   Toi mise en mon chemin par Dieu :
Vous, don de son amour et charme de nos ames,
   Mes petites filles, adieu.

Adieu ! si tant de pleurs tombent de ma paupière,
   Objets bien aimés et bien doux,
C'est que pour vous, hélas ! voici l'heure dernière,
   Adieu ! la voici pour nous tous.

VIII.

LE SOLEIL.

Non, Dieu bon, Dieu clément, dès que l'homme t'implore,
    Toujours tu prends pitié de lui :
    L'homme périssait aujourd'hui ;
Il a crié vers toi ; l'homme doit vivre encore.
Le soleil ! le voilà, ce Dieu, fils de ta main ;
    Qui, vainqueur, brise le nuage,
Où depuis bien des jours se cachait son visage ;
Il reprend dans le ciel son radieux chemin ;
    Et l'espoir rentre au cœur humain.

Que ses rayons sont purs, là-bas, sur la montagne !
    Ici plus près sur le côteau !
Dieu ! quels parfums dans l'air ! comme dans la campagne
Tout renaît ! dans les cieux il n'est déjà plus d'eau,
O soleil ! devant toi s'arrête le fléau,
Plus que jamais la vie aujourd'hui t'accompagne.

Vain espoir ! le soleil n'a pu garder les cieux,
Des nuages sans nombre ont assailli sa tête,
Et de nouveau les vents, la pluie et la tempête,
Sur la terre vaincue ont régné furieux ;
Et de nouveaux croyant que sa mort était prête,
L'homme a pâli d'horreur, d'horreur fermé les ye

Ainsi pendant un mois ces fleuves qu'on renomme,
Et le Rhône et la Saône, à flots précipités,
Roulant loin de leur lit jusqu'au sein des cités,
    Furent l'épouvante de l'homme.

L'homme espérait un jour ; le ciel s'obscurcissait ;
    Et déjà l'on voyait fuir l'onde,
Le lendemain le ciel de nouveau mugissait
    Et la terreur était profonde :
    Car de nouveau le fleuve grossissait.

IX.

A MES PETITES FILLES

ou

LA PLAINE DE TOURNON.

S'il n'est plus aujourd'hui de périls ni d'alarmes,
Si l'homme pour ses jours cesse d'être effrayé,
Pour bien long-temps encor, Dieu! quels sujets de
    larmes ?
    Quels sujets de longue pitié !

Vous pleurez, mes petites filles :
    Sans que sur elles ait couru
    Le tranchant des noires faucilles,
Vos belles fleurs ont disparu.

Venez avec moi dans la plaine :
Ah ! c'est là que de justes pleurs
Votre paupière sera pleine ;
Venez, là sont les vrais malheurs.

Parmi les fleurs, les fruits, les plantes,
Vous savez les mille sentiers ;
Vous savez les vignes pendantes,
Et les beaux rangs des grands mûriers :

Vous savez la maison jolie,
Où vous avez joué jadis
Avec une petite amie,
Ange à présent au paradis.

Eh bien tant de choses si belles,
La maison verte, et les mûriers,
Les beaux ceps et les frais sentiers,
Enfants, maintenant où sont-elles ?

Le flot sur elles a passé ;
Et la mort a marqué sa trace ;
Et de ce qu'il a renversé,
A peine on reconnaît la place.

Dans la plaine, enfants, voyez-vous
Ces débris d'arbres, de murailles,
Ce sol rongé dans ses entrailles,
Puis ce sable, puis ces cailloux ?

En face de tant de ruines,
Cette fois maudissez les flots,
Enfants, et que de vos poitrines
S'exhalent de libres sanglots.

Mais aux pleurs mêlez les prières,
Pour que jamais dans son courroux,
Comme il a frappé sur vos pères,
Enfants, Dieu ne frappe sur vous.

X.

LYON.

S'il n'est plus aujourd'hui de périls, ni d'alarmes,
Si l'homme pour ses jours cesse d'être effrayé,
Pour bien long-temps encor, Dieu ! quels sujets de
    larmes !
  Quels sujets de longue pitié !

  Salut à la ville aux deux fleuves !
Ce sont deux beaux amants qui, baisant ses beaux pieds,
D'un riche amour sans cesse y déposent les preuves :
Et toi, belle à ravir, sous leurs dons variés,
Comme une reine, entr'eux, ô Lyon, tu t'assieds.

  Quelle cité, qu'elle patrie,
Ne t'apporte son or, en échange des fruits
Que dans leur merveilleuse et multiple industrie,
  Tes enfants ont toujours produits ?

Mais de ces trésors que te verse
    Un immense et lointain commerce,
Ta main plus d'une fois a doté les beaux arts.
    N'est-ce pas toi qui, sur la scène,
Hier couronnais Rachel, notre jeune Romaine?
Ah! Lyon est toujours la ville des Césars.

    Mais tu possèdes mieux encore,
Mieux que tous les trésors, les arts et la beauté;
Mais on t'aime, non moins qu'on t'admire et l'honore;
Car ton peuple, ô Lyon, a surtout la bonté.

Aussi le voyageur, à l'instant qu'il te quitte,
S'il n'a pas un regret, pas un dernier coup d'œil,
Pour ton ciel du midi, les fleuves, ton beau site,
Toujours du moins, toujours, quelque lieu qu'il visite,
Il revoit dans son cœur ton bienveillant accueil.

    Malheur à la ville aux deux fleuves!
Les beaux amants d'hier qui baisaient ses beaux pieds,
Pour la perdre, aujourd'hui tous deux se sont liés;
Et leur rage a sur toi laissé d'horribles preuves,
    Hélas! pauvre ville aux deux fleuves!

S'élançant de leur lit, furieux et sans frein,
Sur tes places, tes quais, partout dans tes murailles,
    Avec d'immenses funérailles,
Tes fleuves en hurlant, se sont donné la main.

Et l'antique cité, la cité si splendide,
N'a plus offert à l'œil qu'une plaine liquide,
Et sur elle en tous lieu l'on s'est pris à pleurer ;
Une mer tout entière y roulait, noir abîme,
Où les peuples croyaient que la grande victime
    Allait bientôt sombrer.

Et ce n'était au loin que deuil et que ruine,
Des toits à tout instant à grand bruit s'abattant ;
D'innombrables trésors sur le gouffre flottant ;
Et pressés par la peur, pressés par la famine,
Prisonniers dans leur murs que les flots ébranlaient,
    Les hommes qui tremblaient.

    Hélas ! pauvre ville aux deux fleuves !
Oh! combien tes enfants ont souffert dans ces jours !
De combien de trésors tes murailles sont veuves!
Oh! peuples que vos mains soient pleines de secours!
Peuples, prenez pitié de la ville aux deux fleuves.

XI.

DES RIVES DE LA SAÔNE.

Et vous, que mon œil cherche et ne retrouve plus,
Vous, ô bords gracieux, ô campagnes fécondes,
Que la Saône arrosait de ses paisibles ondes,
    Hélas ! qu'êtes-vous devenus ?

Cette route naguère, oh ! comme elle était belle,

Que de Lyon l'antique à la jeune Châlons (1)
Entre un double bouquet d'arbres et de maisons ;
Faisait la rapide Hirondelle (1) !

Eh bien ! ces frais bosquets, ces riantes villa,
Et ces jolis hameaux, et ces riches villages,
Groupés hier encor sur ces mêmes rivages,
Oh ! pourquoi ne sont-ils plus là ?

La Saône qu'on disait si lente et si dormeuse,
Aux pieds de qui sans peur l'homme avait ses trésors,
La Saône s'est levée, elle aussi furieuse ;
La Saône a dévoré ses bords.

Et l'homme au loin a vu ses richesses perdues,
Et comme les frimas sous le soleil d'avril,
Il a vu par les flots ses demeures fondues ;
Et lui-même il fut en péril.

La Saône la lui rend, mais nue et dépouillée,
Cette terre, autrefois sa joie et son orgueil ;
La Saône la lui rend, mais rongée et souillée,
Mais hideuse comme un cercueil !

XII.

ÉPILOGUE.

C'est assez, ô lyre plaintive,
Hélas ! pour la seconde fois

---

(1) Quoique bien plus vieille que Lyon, Châlons a l'air beaucoup plus jeune.
(1) L'un des bateaux à vapeur de la Saône.

Une grande douleur t'arrive,
Qui mêle des pleurs à ta voix.
A peine avais-tu la naissance,
Qu'un jour vint, jour d'affreux regrets,
Et sur les lieux de mon enfance,
Sur Salins en feu tu pleurais.

Et dans ma nouvelle patrie,
Que dévore un second fléau,
Te voilà, ma lyre chérie,
Te voilà pleurant de nouveau.

Oh! sur ta corde qui soupire,
Quand donc n'aurais-je plus les doigts?
Quand donc cesseras-tu, ma lyre,
De mêler des pleurs à ta voix?

(Extrait du Courrier de Lyon.)

INONDATION DE 1840. (1)

Avez-vous écouté la sombre prophétie
Qu'un Daniel jetait à l'écho des cités,
Oracle qu'ont flétri du nom de facétie
Les Balthazars d'un siècle ivre de voluptés ?

Sur des rocs à fleur d'eau fixant votre paupière,
Avez-vous visité, pélerin curieux,
La Sybille du Rhône assise sur la pierre
Qu'un batelier montrait d'un doigt mystérieux ?

Eh bien ! ces temps prédits par une voix biblique,
Ces mots futurs gravés sur le roc symbolique,
Ils sont venus ! l'oracle enfin s'est accompli ;
L'énigme avait un mot dont le sens est rempli,
Et mil huit cent quarante, année aux jours néfastes,
De ses pages de deuil attristera nos fastes.

Novembre, enveloppé d'un manteau de brouillards,

Cette pièce, dont la couleur est aussi belle que les sentiments en sont honorables et généreux, nous vient d'un poète que M. de Lamartine a signalé dans son dernier volume.

A peine au coin de l'âtre exilait nos vieillards,
Et l'automne étalant ses graves harmonies,
Dépouillait les coteaux de leurs feuilles jaunies,
Quand tout-à-coup le ciel, vaste nue aux flancs noirs,
Comme une cataracte ouvre ses réservoirs,
Sillonne l'horizon de son immense trombe,
De nos monts sur la plaine avec fracas retombe,
Et de l'humble ruisseau, qu'il transforme en torrent,
Grossit le fleuve altier qui marche en conquérant.

Tout conspire à la fois : un malfaisant génie
Semble de la nature insulter l'agonie.
Pour irriter encor l'élément orageux,
Un vent chaud du Jura fond les sommets neigeux ;
Le Doubs impétueux déborde ses rivages,
La Reyssousse en fureur promène ses ravages,
Et la Seille et la Veyle aux paisibles roseaux,
Tous servent de cortége au colosse des eaux.

Chacun reste accablé sous l'effroi qui l'opresse.
Adieu la politique ! adieu la jeune presse,
Rêvant une croisade aux cèdres du Liban,
Où Selve par la gloire ennoblit le turban !
Adieu l'hymne de guerre au refrain électrique !

Sur l'échelle du pont, nilomètre historique,
On court, l'œil inquiet, consulter le niveau ;
Le fleuve monte encore, il monte de nouveau.

Dépasse la hauteur des plus anciennes crues,
Franchit nos parapets, s'élance dans nos rues,
Envahit l'humble échoppe et le splendide hôtel,
Et baigne de ses flots les marbres de l'autel.

Fléau dévastateur, que la mort accompagne,
Il s'étend dans les prés, il couvre la campagne.

Sur ces fertiles bords, des touristes aimés,
Où sont-ils ces hameaux comme des fleurs semés,
Ces sites enchanteurs, ces gracieux villages
Que le Saule argenté voilait de ses feuillages?
Cormoranche, Thoissey, Vésine, Saint-Romain,
Fleurville dans les airs suspendant un chemin,
Montmerle au vieux clocher, Farges aux maisons
    blanches,
L'onde a tout balayé : ses jaunes avalanches
Entraînent pêle-mêle arbres, chaumes, lambris,
Récoltes de l'année ; et parmi ces débris,
L'œil, avec épouvante interrogeant l'espace,
Croit distinguer parfois un cadavre qui passe,
Et contempler au loin, dans sa morne terreur,
Le tableau du déluge et ses scènes d'horreur.

Oh ! comment dérouler cette affreuse peinture ?
Ces champs dont j'admirais l'opulente culture
N'offrent à mes pinceaux que de ternes couleurs.
Partout le désespoir et partout les douleurs !

Le tocsin frappe l'air de ses sons lamentables ;
D'affreux mugissements s'échappent des étables.
Le curé du hameau, bon prêtre aux cheveux blancs,
Nuit et jour au milieu des villageois tremblants,
Seul montre un front serein à la foule égarée.
Les uns, prêtant l'oreille à sa voix vénérée,
Se courbent sur la rame, et guidant leurs bateaux,
Déposent leurs trésors au penchant des côteaux ;
Les autres s'écriant que c'est leur dernière heure,
Que l'Ange de la mort frappe à chaque demeure,
Sous l'ivresse du vin étouffent leur raison,
Tandis que, récitant la pieuse oraison,
Les femmes, sur leur sein pressant un scapulaire,
Invoquent à genoux la vierge tutélaire
Dont le bras étendu soudain calme les flots
Et dont l'étoile est chère aux pauvres matelots.
Ici, quelques vieillards étendus sur la paille,
Quand l'eau, comme un bélier, crevasse la muraille,
Immobiles, muets et glacés de stupeur,
Repoussent les secours qu'apporte la vapeur.
Là, sur un toit qui craque, une famille en larmes,
Dont la nuit va bientôt redoubler les alarmes,
Cherche un refuge et voit s'écrouler tour-à-tour
Les villages lointains et les toits d'alentour.

Retracerai-je aussi ma ville consternée,
Dans ses quartiers déserts la Saône déchaînée,
Les barques se croisant dans ses nombreux canaux

Où scintillent parfois de nocturnes fanaux ?
Bourgneuf (1) dont le pisay s'affaise et tombe en poudre
Avec un bruit semblable aux éclats de la foudre?

Citerai-je, parmi ces citoyens zélés,
Phares consolateurs de ces lieux désolés,
Cet élu du pouvoir, providence attentive,
Imprimant aux secours sa vigilance active?
Cet homme généreux ouvrant ses ateliers
Au malheur qui bénit leurs murs hospitaliers?
Ce jeune magistrat que nul péril n'étonne,
Qui rassure, encourage, exhorte, presse, tonne,
Tendant aux uns du pain, aux autres de l'argent?
Et ce peuple aux bras forts, au cœur intelligent,
Admirable foyer de dévouements sublimes,
De courages obscurs, de vertus anonymes?
Ces mâles portefaix sous la blouse en lambeaux,
Ces hardis mariniers dans le danger si beaux,
Je les ai vus, luttant sur les vagues grondantes,
A travers les débris, sous les poutres pendantes,
Sauver du malheureux les meubles vermoulus,
La femme bientôt mère et le vieillard perclus,
Et j'ai lu dans leurs yeux presque de la colère,
Quand dans leur main calleuse on glissait un salaire ;
Et ces soldats du feu, qui, braves par devoir,
Comme la Salamandre au fabuleux pouvoir,

(1) Faubourg de Mâcon entièrement détruit.

Eteignent l'incendie en traversant la flamme ;
Ils volent où la voix de leurs chefs les réclame ;
Par la pluie inondés, chargés de lourds fardeaux,
Improvisant des ponts, des barques, des radeaux,
Sur des murs lézardés montant à l'escalade,
A leur robuste épaule attachant le malade,
Ou certaine plaideuse au fol entêtement,
Sous son toit ruineux clouée imprudemment.

Honneur à tous ! honneur à leur noble courage !
Quand du démon des eaux s'apaisera la rage,
De ces héros du jour qu'un immortel burin
Lègue à nos fils les noms sur le marbre ou l'airain !
Honneur à la cité qui leur donna naissance !
Que leurs fronts couronnés par la reconnaissance,
Brillent d'un saint orgueil, et que ce souvenir
D'un reflet glorieux dore notre avenir !

C'est assez ; déposons la lyre du poëte :
Jamais pour la souffrance elle ne fut muette.
Consoler le malheur et lui tendre la main,
Panser ses pieds meurtris aux cailloux du chemin,
Dans son casque jeter l'obole à Bélisaire,
Au fond d'un bouge infect visiter la misère,
Arracher l'infortune à son obscurité
Et quêter sous l'habit des Sœurs de Charité ;
Voilà la mission que la Muse demande,
Où s'inspire son ame et que Dieu lui commande,

Lorsque sur l'Océan des humaines douleurs
S'élève la colombe ou l'arc aux trois couleurs.
Sa voix, qui prêche au seuil de l'égoïsme immonde,
Crie à l'heureux du siècle, à la femme du monde :
« Riche, ouvre tes greniers qui regorgent de grains !
« Femme, de leurs joyaux dépouille tes écrins !
« Châtelain, possesseur de la forêt prochaine,
« Permets à l'indigent d'ébrancher le vieux chêne,
« Car plus d'un malheureux, dont le besoin s'accroît,
« Dit aujourd'hui : J'ai faim ! dira demain : J'ai froid !
« Et toi, charmante enfant, papillon des quadrilles,
« Va, quitte sans regret ces fêtes où tu brilles,
« Sur ces tristes chevets, mouillés de tant de pleurs,
« De ton bouquet du bal laisse pleuvoirs les fleurs !
« Pitié pour l'orphelin et pitié pour la veuve !
« Mesurez votre offrande à la hauteur du fleuve.
« Attachez un bienfait à chacun de vos jours !
« Donnez, donnez encor ! donnez, donnez toujours. »

F. BOUCHARD (de Mâcon.) (1)

(1) Extrait de l'excellente relation des inondations, par le docteur Ordinaire de Mâcon.